O LIVRO DE COLORIR

LUCCAS E GI NAS FÉRIAS

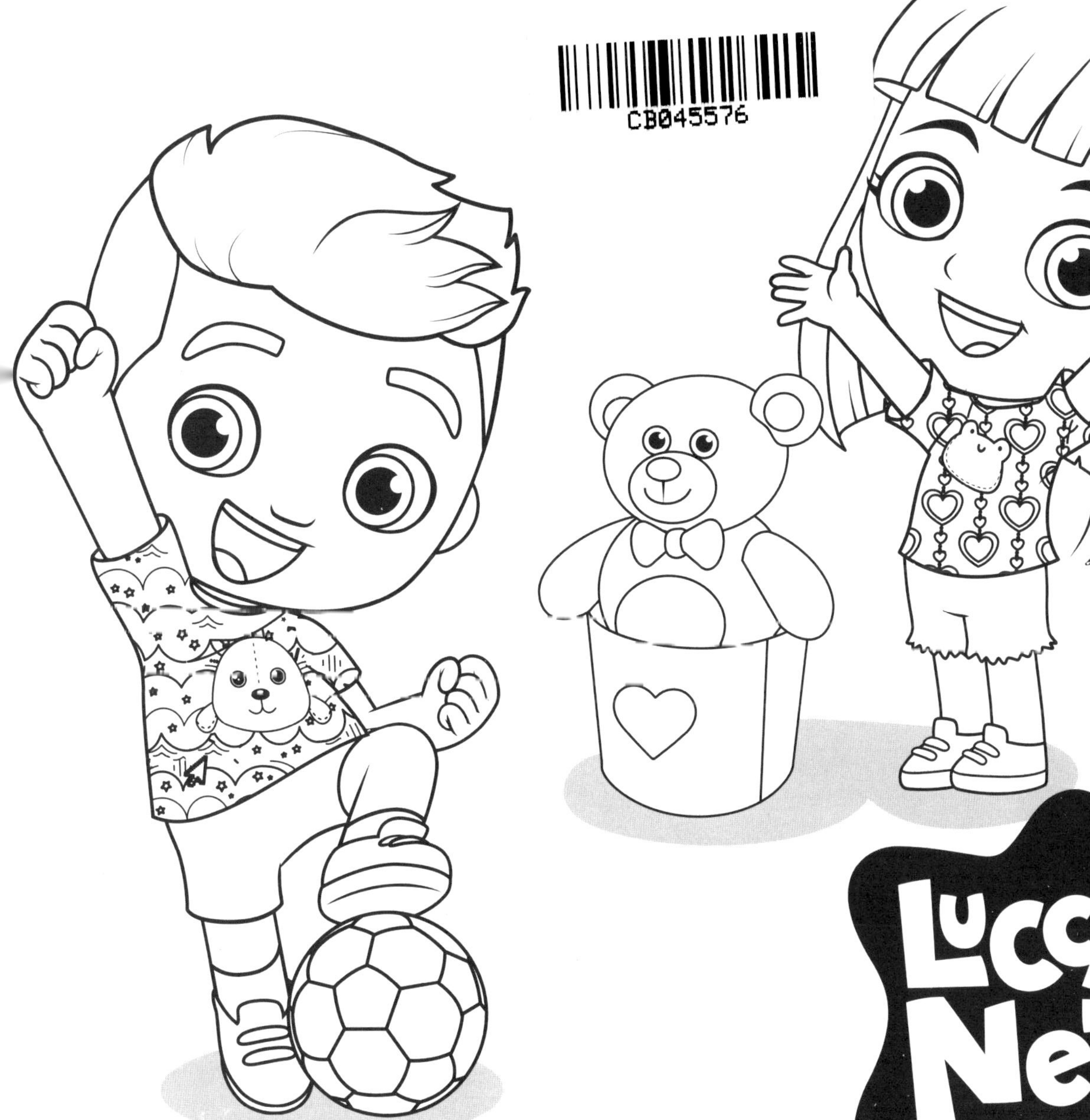

Pixel

Copyright © 2020 LUCCAS NETO STUDIOS
© 2020 by Editora Nova Fronteira Participações S.A.

Direitos de edição da obra em língua portuguesa no Brasil adquiridos pela Pixel, selo da EDITORA NOVA FRONTEIRA PARTICIPAÇÕES S.A. Todos os direitos reservados. Nenhuma parte desta obra pode ser apropriada e estocada em sistema de banco de dados ou processo similar, em qualquer forma ou meio, seja eletrônico, de fotocópia, gravação etc., sem a permissão do detentor do copirraite.

EDITORA NOVA FRONTEIRA PARTICIPAÇÕES S.A.
Rua Candelária, 60 – 7º andar – Centro – CEP: 20091-020
Rio de Janeiro – RJ – Brasil
Tel.: (21) 3882-8300

PIXEL
Diretoria: Jorge Carneiro e Rogério Ventura;
Direção Editorial: Daniele Cajueiro;
Coordenação Editorial: Eliana Rinaldi;
Edição: Lívia Barbosa;
Consultoria Educacional: Elizabeth Gavioli;
Revisão: Islaine Lemos e Maria Flavia dos Reis;
Gerência de Produção: Adriana Torres;
Capa e diagramação: Thiene Alves;
Ilustrações: Luccas Toon e Ulisses Araújo.

Agradecemos a colaboração de toda a equipe Luccas Toon.

Ficha catalográfica elaborada pela bibliotecária
Maria Alice Ferreira – CRB-8/7964

Luccas Neto
    O livro de colorir : Luccas e Gi nas férias /
Luccas Neto. – 1. ed. – Rio de Janeiro : Pixel, 2020.

    ISBN 978-65-8134-932-5

    1. Literatura infantojuvenil 2. Livros para colorir I. Título.

20-46205   CDD-028.5

Oi pra você aí!

Muito bem! Eu sou o Luccas e estou aqui para compartilhar com vocês uma das épocas mais gostosas do ano: as férias! Como é bom termos alguns dias dedicados somente ao descanso e ao lazer, não é mesmo? Pois eu e Gi amamos! Sempre programamos muitas brincadeiras, passeios e aventuras! Algumas dessas programações estão nas páginas a seguir, mas elas certamente ficarão ainda mais legais se você trouxer cor e vida aos desenhos. Posso contar com a sua ajuda? Então vamos nessa! Beijos e valeeeu!

Luccas Neto